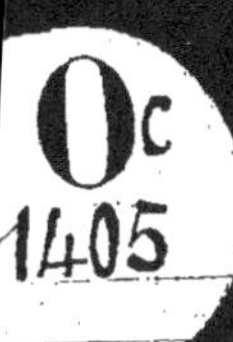

# AUX ESPAGNOLS

## A PROPOS DE L'ESPAGNE

PAR

## S. Filippi de FABJ

MEMBRE DE LA SOCIÉTÉ HUMANITAIRE ET SCIENTIFIQUE DU SUD-OUEST DE LA FRANCE

> Le plus fort n'est jamais assez fort pour être toujours le maître, s'il ne transforme sa force en droit, et l'obéissance en devoir.
>
> J.-J. ROUSSEAU. *Contrat social,*
> liv. I, ch. IV.

**PRIX : 1 FR.**

PARIS

## CHEZ MADRE, ÉDITEUR

RUE DU CROISSANT

—

1869

L'histoire des peuples offre parfois d'étranges similitudes, d'extraordinaires rapprochements.

Des parallèles qu'elle présente à qui veut l'approfondir, on peut presque toujours tirer de grands enseignements.

En faisant ressortir, en mettant en lumière les points de conjonction existant entre deux grands pays, le but de ces lignes apparaîtra précis.

Je ne suis pas Espagnol, je suis Français ; je n'ai par conséquent qu'un intérêt indirect aux événements de la Péninsule.

Je communique mes idées, mais je n'ai que peu d'espoir de les faire partager ; la plupart des ayants droit, arrivant avec un système fait à l'avance et souvent la prétention de n'en pas avoir.

Ce que je viens offrir ; la pierre que je viens apporter à l'édifice que l'Espagne construit, ce ne sont pas des avis, ce ne sont pas des conseils, ce sont des sympathies.

Lorsque David tue Goliath, ce qui me plaît dans cette action, ce n'est pas de voir le géant oppresseur, mort étendu dans la poussière, mais bien de voir triompher un faible enfant qui, poussé par un courage aveugle et l'espoir d'affranchir sa patrie, ose entreprendre une lutte dans laquelle tout fait prévoir qu'il doit succomber.

Né au bruit de 1830, cet écho tardif, mais encore puissant de notre révolution et de notre Empire, j'ai sucé avec le lait des idées libérales, des idées patriotiques qui font que j'admire toujours une nation qui, faible et désarmée, se soulève et chasse qui l'écrase.

*Paris, 13 avril 1869.*

# I

Depuis la Révolution française, dont le souffle puissant ébranla tous les trônes, plantant sur le monde les jalons de la liberté ; depuis la commotion universelle qui s'ensuivit ; depuis les replâtrages insensés et mesquins de 1815, on a vu tour à tour les peuples opprimés se relever de l'abaissement dans lequel ils étaient tenus ; revendiquer leurs droits méconnus et souvent désarmés, renverser sans efforts les obstacles qui les empêchaient de les conquérir.

Sous l'impulsion de la France, avec son aide, avec son sang toujours prêt à couler pour l'indépendance des peuples et le droit des nations, l'affranchissement de l'Europe a commencé.

La Grèce existe, elle possède un gouvernement de son choix.

La Belgique est devenue nation.

L'Italie, en proie depuis des siècles à toutes les tyrannies de principicules obstinés qui la dévoraient vivante, conquiert son autonomie et son unité.

La Hongrie et la Pologne comprimées, mitraillées au moindre mouvement, l'une par la Russie, l'autre par l'Autriche, anxieuses, regardent la France et, de temps en temps secouant leurs chaînes, poussent vers elle un cri d'appel et de liberté, auquel répond son frémissement.

L'Allemagne, l'Allemagne même, tremblante aujourd'hui sous le poids du colosse aux pieds d'argile, au corps hétérogène élevé sur ses ruines, se tourne en regardant le Rhin et espère.

L'Espagne, comme isolée du reste des nations, seule n'acceptait pas l'influence française ; elle semblait craindre, que le second Empire, comme le premier, ne fît de l'Escurial une succursale du Louvre.

Cette crainte, que rien ne justifiait plus d'ailleurs et qu'un récent passé aurait dû détruire, la faisait assister spectatrice réservée, mais non pas immobile, à la grande lutte des nouvelles idées contre les vieux principes et les vieux préjugés restaurés par la *Sainte-Alliance* des rois contre les peuples.

Constamment déchiré par les guerres civiles, ensanglanté par des haines sans cesse renaissantes, divisé par les factions, usé par les passions politiques, le cadavre de l'Espagne était la proie des favoris éhontés de royales poupées, Gypaètes acharnés se partageant ses membres.

En but à toutes les avidités, à toutes les ambitions, l'Espagne à demi soumise ne s'était encore qu'à demi révoltée contre le pouvoir qui la déshonorait.

Ceux qui la gouvernaient entretenaient les divisions des vieux partis, sachant bien que de leur union avec les nouveaux ressortirait leur faiblesse et renaîtrait la force du pays, force qui les mettrait à néant.

Malgré eux, le choc unitaire, si longtemps attendu, s'est produit.

Le grand cadavre s'est enfin débarrassé des vautours qui le déchiraient.

Ce que l'Italie devrait faire par elle-même, l'Espagne vient de l'accomplir seule.

Elle est libre !

# II

La monarchie que vient de déraciner le souffle de liberté que nous sentons passer sur le monde, était la dernière encore debout, descendant de ce tronc jadis vigoureux, qui, planté à Paris, étendit si longtemps ses rameaux sur l'Europe par dessus les Alpes et les Pyrénées.

Deux fois la France arracha de son sol la souche mère et ses branches privées de leur appui, privées de leur force, tombèrent et jonchèrent les chemins de l'exil.

Les causes qui ont amené la chute des Bourbons d'Espagne, qui ont galvanisé ce cadavre se débattant dans les angoisses d'une longue agonie, qui l'ont fait se dresser vengeur comme le suprême et dernier châtiment à infliger à cette dynastie, sont les mêmes que celles qui ont fait crouler le trône des Bourbons de Naples.

Ainsi deux pays, placés chacun à une extrémité de l'Europe, séparés par une mer, presque par un continent, n'ayant entre eux aucun rapport de peuple à peuple, mais gouvernés tous deux par des princes du même sang, passent à peu près par les mêmes péripéties, les mêmes phases, les mêmes révolutions avant d'arriver à briser un joug identique et à faire, l'un partie de la grande famille italienne, l'autre à se donner un gouvernement libéral et de libérales institutions.

Don Carlos, en 1759, quitte volontairement le trône de Naples, qu'il laisse à son fils Ferdinand, pour monter, sous le nom de Charles III, sur celui d'Espagne.

Ferdinand, fuyant devant les armées françaises, abandonna, en 1806, sa couronne aux mains de Joseph Bonaparte.

A son tour celui-ci, deux ans plus tard, en 1808, obéissant à la volonté du grand démolisseur, cède Naples à Murat, son beau-frère, et va remplacer sur le trône d'Espagne le fils de Charles III, Charles IV.

En 1815, après la dernière chute du capitaine géant, qui deux fois reçut le choc de l'Europe coalisée avant de succomber, Naples voit Ferdinand de Bourbon ressaisir la couronne de Don Carlos.

En 1816, il déchire la constitution que, de Sicile, en 1812, agissant sous la pression de l'Angleterre, il avait lancée sur son royaume, pour préparer son retour, que les désastres de Russie faisaient déjà prévoir.

Cette constitution, donnée à contre-cœur, et retirée aussitôt que possible, est réclamée, en 1820, par le peuple napolitain, fatigué de quatre ans de gouvernement absolu.

L'Autriche, ce vieil et implacable ennemi des nationalités, vient aider Ferdinand à contraindre au silence, par une répression sanglante, ceux qui avaient osé demander le maintien de la foi jurée.

Ferdinand II succède à son père en 1825.

L'humanité se voile révoltée et honteuse de l'avoir produit.

Son père eut pour excuses l'époque difficile qu'il avait traversée, l'exil qui l'avait aigri et les diverses influences qu'il avait subies.

Charles IV d'Espagne avait eu Marie-Louise et Godoï; Ferdinand I, Caroline et Acton; Ferdinand II de Naples n'eut que lui-même; bien assez pour vouer son nom à l'exécration des postérités et contribuer, d'au-delà du tombeau, à l'union italienne par son souvenir haï et réprouvé.

Qui des contemporains ne connaît et n'apprécie comme il le mérite le règne de ce prince qui, pendant plus de trente ans, entassa sur un Pellion de cruautés un Ossa d'infamies, et qui, comme Louis XV, avait préparé l'échafaud de Louis XVI, prépara la chute de François II.

# III

Après la retraite de Napoléon à l'île d'Elbe, en 1814, Ferdinand VII de Bourbon monte sur le trône d'Espagne, et, condition expresse de son retour, s'engage à maintenir et à respecter la constitution des Cortès de 1812.

Le premier acte de son règne est d'abolir cette constitution, au mépris des engagements que la soif de régner, à laquelle il était dès longtemps en proie, lui avait fait prendre envers son pays.

L'insurrection militaire de l'Ile-de-Léon, qui éclata en 1820, le plaça dans l'alternative ou d'accepter une nouvelle constitution ou d'abdiquer.

Un parjure ne coûtait rien à qui le trône était si cher.

Ferdinand VII prêta serment.

Cette constitution dura trois ans; elle eut, hélas! le sort de la plupart des constitutions.

En 1823, un prince, pas un Français, un Bourbon, conduisant une armée qui ne connaissait pas le drapeau sous lequel elle marchait, et que n'accompagnaient pas les vœux de la nation, franchissait les Pyrénées, s'abattait sur l'Espagne, brisait la constitution de 1820 et rétablissait Ferdinand dans son pouvoir absolu.

Espagnols, n'accusez pas la France; et si par elle vous fûtes replacés sous le joug du despotisme, que vous aviez secoué, ne la maudissez pas.

Souvenez-vous qu'elle gémissait elle-même accablée, pleurant ses gloires qu'elle croyait mortes sous deux invasions!

N'oubliez que son patriotisme fatigué sommeillait, ayant à peine assez d'énergie pour offrir quelques victimes aux bourreaux de ses libertés!

N'oubliez pas que les derniers débris des armées de Napoléon combattirent dans vos rangs pour votre indépendance, et que le drapeau tricolore, trahi par la victoire, leur servit de linceul à la Bidassoa!

N'oubliez pas que, pendant que ces événements se produisaient en Espagne, pendant qu'au sang français se mêlait le sang espagnol, d'une tribune française s'élevait vibrante une voix, écho de l'âme, écho du cœur de la nation, qui, flagellant en face l'absolutisme bourbonien, allant jusque dans leurs tombeaux faire tressaillir les vieux héros de Jemmapes et de Fleurus, d'Arcole et de Rivoli, osait crier à l'Europe : « Plus de Bourbons! plus de Bourbons! »

Ferdinand meurt en 1833.

Après sa mort, ce mauvais génie plane encore sur l'Espagne ; il lui lègue, en déplaçant l'ordre naturel de succession, trente ans de guerres civiles et de stériles révolutions.

En laissant la couronne à Isabelle, sous la régence de Marie-Christine, au détriment de son frère don Carlos. Ferdinand prépare l'exil de sa femme, celui de sa fille, la chute du dernier Bourbon, l'expulsion de sa race sans espoir de retour, la révolution espagnole accomplichier, la constitution proclamée aujourd'hui et ses conséquences que nous verrons demain.

# IV

Le gouvernement espagnol avait mis le sabot à la roue du progrès, et, nouveau Josué voulait arrêter ce soleil et empêcher son rayonnement.

Vainement il usait ses forces pour étouffer les généreuses aspirations aux idées libérales, effleuves de la liberté.

Malgré toutes les cruautés, l'exil, le bannissement, les présides, les fusillades et l'échafaud, le courant de la démocratie, nouveau et grand pacte de la famille universelle, franchissait la barrière des monts et l'emportait.

Un souverain nègre, aujourd'hui tombé, aujourd'hui dans l'exil, peut-être mort, disait en 1857 :

« Oui, je sais que l'on conspire et je connais les conspirateurs ; mais quand « je pense à ce qu'il faut de peine à une famille pour faire un homme de vingt- « cinq ans, je ne me sens plus le courage d'agir (1). »

Ce noir avait compris que ce n'est pas en supprimant les hommes qu'on peut supprimer les idées.

Le christianisme naît de l'oppression ; de la tyrannie des Syllas naissent les Marius.

L'idée, c'est le gland qui devient chêne, le ruisseau qui devient fleuve, la goutte d'eau qui devient océan, l'aiglon qui devient aigle et plane en regardant le soleil.

L'idée n'est rien d'abord, mais ensuite elle est tout : elle naît, végète ; et du sang de la victime tombée sur l'échafaud politique, ce calvaire de tant de Jésus, elle jaillit puissante, elle grandit vigoureuse, et malgré les obstacles elle devient monde, elle devient Dieu.

En faut-il un exemple ?

_________

(1) Soulouque, discours d'ouverture de la chambre, en 1857, quelques mois avant sa chute.

Il en est un, utile à contempler, et qui est et restera peut-être unique dans l'histoire.

D'une idée, éclose du choc d'une révolution sur un trône séculaire qu'elle brise, surgît un souverain, issu du peuple, ayant pour souche, lui; pour sceptre, une épée; pour trône, la France; pour empire, l'Europe; pour nom, Napoléon.

Abandonné des siens qu'il avait trop élevés, vaincu par les trahisons qu'il avait dédaignées, traqué par la meute des rois qu'il avait humiliés, il se rend.

Pendant cinq ans il est prisonnier sous la garde du monde.

Il meurt.

On respire.

Mais Sainte-Hélène est le piédestal sur lequel se dresse, monument indestructible, la gloire du grand homme auquel il ne manquait que l'auréole du martyr.

L'homme mort, le triomphe de l'idée commence.

Quelque temps elle sommeille, endormie dans le sang d'hommes illustres que sa peur a fait sacrifier.

Que faut-il pour la réveiller ?

L'échafaud de trois obscurs sergents.

Alors elle apparaît, pénètre les masses qui palpitent au souvenir des gloires nationales, les agite, les soulève; un nom est prononcé.

C'est assez.

L'explosion a lieu, et cinquante ans après Austerlitz, sur les débris du trône mal assis qui vient de s'écrouler, au bruit des acclamations populaires, nous, les fils de ceux qui voulurent mourir à Waterloo, nous saluons César, l'héritier de Napoléon !

# V

L'Espagne, pas plus que la France, pas plus que l'Italie, n'a pardonné à ses Bourbons l'intervention armée de l'étranger.

Les derniers règnes que ce malheureux pays vient de supporter, ou plutôt de subir, appartiennent encore à la polémique contemporaine qui commence leur châtiment, en dénonçant leurs turpitudes, et qui léguera aux générations futures le soin de les clouer au pilori de l'histoire.

Moins d'un demi-siècle a suffi pour que trois membres d'une même famille, occupant trois trônes, opprimant trois peuples, soient chassés, chassés, chassés !

Cependant l'histoire, aussi bien l'ancienne que la moderne, ne leur avait pas marchandé les exemples.

Toute une pléïade de princes, de rois, d'empereurs fugitifs, exilés ou bannis, aurait dû leur montrer que, comme la justice, le peuple a sa balance.

Terribles leçons pour qui s'impose, abuse et gouverne par la force.

La branche que l'on courbe violemment cède un instant, mais bientôt se redresse et, terrible, frappe en se relevant.

L'Espagne, comme la France et l'Italie l'avaient fait avant elle, s'est enfin débarrassée de ces ruines monarchiques que leur décrépitude aurait fait crouler demain, si hier elles n'étaient tombées sous les colères populaires.

Mais aussi, comme ses deux sœurs aînées, elle nourrit en grand nombre et échauffe dans son sein des partisans entêtés et tenaces de ces vieilles dynasties échouées dans le mépris et dans le ridicule; courtisans de la honte, proxénètes de la tyrannie, que rien ne ralliera et qui voudraient encore prostituer le pays après avoir prostitué la royauté.

Arrière ! ces nobles qui n'ont plus de noble que le nom !

Arrière ! ces favoris sortis le plus souvent des bas fonds de la société et que nous vîmes naguère, penchés sur le velours du trône de l'antique Escurial, se disputer entre eux l'oreiller des descendants de Charles-Quint !

— Arrière ! ce clergé envahisseur; araignée colossale, dont la tête est à Rome et les griffes sur le monde, qu'elle voudrait envelopper dans l'immense et vaste trame qu'elle a tissée ! —

— Arrière ! vous, les travailleurs de l'ombre, qui voulez ramener en Europe le bon temps de l'an 1000 et rallumer en Espagne les bûchers de Philippe II ! —

— Arrière ! arrière ! arrière, vous tous ! Les peuples que vous avez si longtemps écrasés, si longtemps pillés, si longtemps affamés vous dédaignent, aujourd'hui qu'il vous connaissent ! —

Ils sont en garde contre vos perfides insinuations, ambitieux de pouvoir qui brûlez de restaurer des régimes qui ont vécu, des rois dont le temps est fini et qui, à défaut du père, à défaut de la mère, voulez, au profit du fils ou du frère, relever le trône abattu ! —

— Ils sont en garde contre vous, aveugles enthousiastes, fauteurs ardents du spectre blanc, qui pour atteindre un but aussi impossible qu'insensé, ne reculez devant rien, dénaturant l'histoire, évoquant sans cesse aux yeux des timorés et des pusillanimes ce que vous appelez le spectre rouge de la Révolution française.

Et ils vous disent : —

— Ce spectre, dont vous voulez faire un épouvantail, a transformé le monde qui rétrogradait et qui maintenant marche en avant; —

— Si en France, à sa voix, se levèrent quatorze armées qui heurtant l'Europe grosse de tempêtes la contraignirent au repos et du choc firent jaillir un Titan; si de l'Italie asservie sous vingt tyrannies différentes, il a fait un tout homogène, et si dans la vieille Espagne il prépare une jeune liberté : —

Le spectre blanc que vous offrez comme l'arche sainte, comme le palladium des Nations, qu'a-t-il produit? Que nous a-t-il donné?

Les invasions étrangères, les hontes qui les accompagnent et les rois qu'elles traînent dans leurs caissons et qu'elles imposent aux peuples dont ils sont exécrés.

L'un est donc la gloire et la liberté, l'autre la honte et le despotisme; et bien qu'il n'y ait point de progrès à l'infini, si le premier y marche, le second en revient.

Les peuples ont choisi le premier.

# VI

L'Europe a les yeux tournés vers l'Espagne ; elle observe son réveil, prête à la critiquer si, après avoir accompli les grandes choses qu'elle vient d'accomplir, elle s'égare et se trompe de voie.

L'Espagne d'un seul coup vient de faire un pas immense dans l'avenir, en introduisant chez elle toutes les libertés par la porte d'où s'échappait le despotisme séculaire emportant toutes les hontes, emportant tous les mépris.

Secouant la poussière répandue sur ses gloires, elle a brisé le vieux trône où s'asseyait un gouvernement inerte pour le bien, actif pour le mal, auquel cependant les enseignements du passé n'avaient pas fait défaut ; mais qui resté ferme, stationnaire, immobile dans son ignorantisme et dans son ineptie semblait les colonnes d'Hercule du progrès universel et le dieu Terme de la civilisation.

En rompant le joug sous lequel l'oppression la courbait haletante, l'Espagne, a vecu deux siècles en un jour ; elle a repris le rang qui lui appartenait parmi les nations, et sans hésitation elle a inauguré par le suffrage universel, sur les ruines du droit divin, cette superstition d'un autre âge, les droits sacrés du peuple que dans son long abaissement elle n'avait fait qu'entrevoir, mais qu'elle avait devinés.

L'éclatant coup de tonnerre qui vient de commencer la régénération de la Péninsule espagnole, l'a ébranlée jusque dans ses fondements.

Certes, en tenant compte de la surexcitation générale qu'il fallait calmer ; des difficultés sans cesse renaissantes qui se présentaient et qu'il était nécessaire de vaincre ; des obstacles sans nombre, inhérents à la situation, qu'il fallait surmonter avant d'agir, le résultat obtenu est grand ; surtout, si l'on considère le temps écoulé et les émeutes affligeantes, heureusement apaisées qui sont venues entraver dès le principe l'œuvre gigantesque de la reconstruction.

Mais, suffit-il seulement d'avoir accompli une grande révolution ? D'avoir fait fuir l'oppresseur devant l'opprimé ? D'avoir rendu l'Espagne libre ? D'avoir sur le trône du bon plaisir, fait asseoir la légalité en donnant une constitution au pays ?

Non, cela ne suffit pas ; si beaucoup est fait, il reste plus encore à faire.

Il ne faut donc pas attendre que les ambitions contenues travaillent à se faire jour, au détriment des libertés conquises.

S'arrêter à ce point serait préparer une catastrophe, dans laquelle pourrait sombrer avec les libertés de l'Espagne son avenir.

# VII

L'avenir de l'Espagne est tout entier dans les mesures que vont prendre ses élus.

Le suffrage universel, une fois de plus, vient de donner à un grand peuple une forme de gouvernement.

Il lui reste à prononcer sur le choix du gouvernant; le régime monarchique étant posé en principe dans la nouvelle constitution Espagnole.

Si le souverain que l'Espagne veut se donner, n'est issu que du vote des Cortès, au lieu d'être le produit du vote populaire, il ne représentera qu'une opinion, celle qui dans cette assemblée réunira le plus d'adhérents; ce sera bien le souverain d'une majorité, mais d'une majorité infime, par rapport à la totalité de la nation.

Un prince, élevé au trône dans de telles conditions, ne peut avoir de force qu'autant que la faction qui l'aura acclamé sera et restera nombreuse, puissante et forte.

Son gouvernement ne pourra avoir ni solidité, ni durée, surtout en Espagne, où les partis ont encore longtemps à s'agiter, et subissent journellement des fluctuations qui tour à tour, les abaissant ou les élevant, font des degrés du Capitole l'escalier de la roche Tarpéienne.

Il restera donc isolé, sans appui, en présence des factions contraires, du jour où celle qui l'aura élu deviendra faible, ou, cessant de le soutenir, l'abandonnera.

N'étant pas l'homme de la nation, il ne pourra compter sur elle.

Il tombera, entraînant peut-être avec lui l'échafaudage si péniblement élevé. Mais, comme tant d'autres avant lui, il tentera une vaine résistance, il essaiera d'une lutte impie et fratricide, ayant pour seul résultat de noyer dans le sang espagnol les libertés de l'Espagne, sans arrêter sa chute.

Aucun gouvernement ne peut avoir de nos jours ni stabilité, ni force, ni durée, s'il n'est issu et n'a pour base le suffrage universel absolu, auquel uniquement incombe le droit de disposer des destinées du pays.

Ce droit, c'est une religion dont chaque citoyen est le prêtre, c'est un sacerdoce consacrant la puissance populaire, et qui, comme tous les sacerdoces, doit être exercé sans passion.

Les passions politiques conduisent invariablement aux discordes civiles, entravent l'essor des idées libérales, étouffent le dévouement que chacun doit à son pays, et, au lieu de laisser se développer le germe de la liberté, elles le détruisent et le livrent en pâture aux ambitions avides des factions triomphantes.

Cependant toutes les opinions sincères sont respectables; il en est qui sont un patrimoine de famille, auxquelles on est attaché par souvenir; d'autres qui sont le fruit d'une conviction raisonnée, et auxquelles on ne tient que tant que dure cette conviction.

A côté de ces opinions, qu'il faut savoir respecter, il en est d'autres, qui ne sont qu'un marchepied pour ceux qui les professent; celles-là, il faut les mépriser; jamais l'amour et la prospérité de la patrie ne s'accorderont avec l'ambition et l'intérêt personnel.

# VIII

Divers prétendants sont désignés, à tort ou à raison, comme aspirant à placer sur leur tête la couronne que la constitution Espagnole a décidé de relever.

Sans vouloir contrôler la réalité des assertions qui mettent en présence tous ces concurrents, sans vouloir discuter non plus leurs mérites personnels, ni leurs aptitudes au suprême pouvoir, il est permis, en étudiant le passé au profit du présent, d'essayer de percer l'avenir et de chercher à deviner quels sentiments chacun d'eux apportait en montant sur le trône, et quels seraient les avantages qu'en pourrait retirer l'Espagne.

Don Carlos de Bourbon, exclu de l'héritage paternel, a suscité longtemps dans son pays les guerres civiles qui l'ont ensanglanté; en ce moment, peut-être cherche-t-il encore à les rallumer?

L'appeler à gouverner l'Espagne, serait un retour vers un lamentable passé, et la Constitution, qu'il jurerait de respecter et de maintenir aujourd'hui, qui sait, s'il ne la violerait ou la détruirait demain.

Il est vrai que le monde a marché, et qu'à l'époque à laquelle nous vivons, aucune puissance européenne ne viendrait prêter son concours à Don Carlos, s'il voulait, comme son père, en 1823, replacer la Péninsule sous le régime absolu.

Le prince des Asturies, fils de l'ex-reine Isabelle, prince de Bourbon, comme son oncle Don Carlos, est à peine sorti de l'enfance; nourri des principes, imbu des idées qui ont occasionné la chute de sa mère, il les rapporterait de l'exil et les installerait avec lui sur le trône.

Une longue régence, servant de transition entre l'autorité populaire des Cortès et l'autorité royale, pourrait sans doute modifier les idées et les principes du jeune souverain, mais, à coup sûr, ne les détruirait pas, et l'influence maternelle, qui n'aurait pas cessé de le dominer pendant sa minorité, reprendrait toute sa force lorsqu'à sa majorité cesserait la régence. Il faudrait craindre alors une restauration, sanglante comme celle de Charles II, en Angleterre, ou honteuse comme celle de Louis XVIII en France.

Le duc de Montpensier, prince de la maison d'Orléans, issue de Bourbon, fils de l'ex-roi Louis-Philippe et beau-frère de l'ex-reine Isabelle, n'a d'autre titre que son alliance avec la sœur de cette princesse, pour asseoir ses prétentions au trône d'Espagne.

Déjà homme fait, lorsqu'arriva 1848, le duc de Montpensier a-t-il profité de la dure leçon donnée à son père.

N'a-t-il pas conservé les idées étroites, l'esprit d'obstination et la politique timorée qui distinguaient Louis-Philippe, et qui firent de lui, moins le souverain de la France, qu'un bourgeois de Paris?

N'est-il pas à craindre qu'au lieu d'avoir dépouillé cette triste portion de l'héritage paternel, qu'au lieu de s'être débarrassé des vieux errements du passé, il n'ait au contraire, comme mari d'une infante d'Espagne, pendant un séjour de vingt ans au pied du trône de sa belle-sœur, acquis et contracté un redoublement de cette haine pour les réformes libérales qu'Isabelle partageait avec Louis-Philippe et à laquelle tous deux durent leur chute et leur exil.

Le duc d'Aoste, second fils de Victor-Emmanuel, roi d'Italie, prince de la maison de Savoie, n'a peut-être jamais songé à prétendre à la couronne d'Espagne, mais cependant il a été maintes fois désigné comme y aspirant.

Ce prince qui, quoique très-jeune, vient d'assiter à la régénération de son pays, qui a vu les peuples italiens longtemps abaissés, longtemps avilis, se lever à la voix libératrice de son père et l'acclamer avec enthousiasme, roi de toute l'Italie, offrirait certainement à l'Espagne de solides garanties pour le présent et de grandes espérances pour l'avenir.

Mais en même temps il serait à craindre pour l'Espagne de se trouver entraînée par cette alliance de famille, à la suite de l'Italie, dans les guerres que celle-ci est inévitablement menacée d'avoir à soutenir tant pour sa défense que pour l'achèvement de l'œuvre d'unification qu'elle a entreprise et qu'elle doit terminer.

L'Espagne occupée encore pour longtemps à consolider ce qu'elle a commencé, n'a pas besoin de guerres dans lesquelles elle aurait tout à perdre et ne pourrait rien acquérir.

Don Fernando, père du roi de Portugal, aujourd'hui régnant, de tous les prétendants à la couronne d'Espagne, est celui qui, offrant le plus de garanties personnelles, réunit à juste raison le plus de sympathies et le plus de partisans.

L'Espagne trouverait dans ce prince qui a vu de près les faiblesses, apprécié les inepties, compris les erreurs, senti les abus et méprisé les turpitudes du gouvernement de l'ex-reine, un homme à l'esprit innovateur, marchant avec le siècle, résolument, dans la voie du progrès et capable de soutenir la nouvelle monarchie constitutionnelle et de la défendre au besoin avec énergie contre les factions qui la voudraient renverser.

Il est certain que l'avénement de don Fernando au trône d'Espagne, opérerait dans un temps indéterminé l'unification de la Péninsule et la placerait sous le gouvernement de son fils ou de son petit-fils. C'est une grande idée.

Mais au profit de qui cette réunion aurait-elle lieu? Serait-ce au profit de l'Espagne ou au profit du Portugal?

Ces deux questions se présenteront naturellement à l'esprit de chacun.

On répondra sans doute qu'il est plus naturel de supposer l'absorption du plus petit par le plus grand.

Il n'en est pas toujours ainsi cependant; mais en admettant que cette prémière hypothèse puisse se réaliser, ne faudrait-il pas se demander, si le Portugal serait satisfait ?

Il diffère essentiellement de l'Espagne, par les mœurs, par les coutumes, par l'industrie, par les intérêts et même par le langage. Il est dominé par l'influence anglaise et l'Espagne est libre aujourd'hui de toute influence étrangère.

Pas plus que la Belgique, lambeau détaché de la France contre nature et contre raison, n'aspire au giron maternel ; le Portugal, nation depuis des siècles, ne veut devenir province espagnole.

Employer la compression pour arriver à ce résultat, serait la négation absolue du grand principe des nationalités, qu'il faut enfin s'habituer à respecter ; ce serait aux dépens des autres, aux dépens du faible se faire la part du lion et exercer chez autrui la tyrannie que l'on ne veut pas chez soi.

Mais ce n'est pas toujours le plus grand qui absorbe le plus petit ; le contraire arrive quelquefois ; et tout dernièrement, n'avons-nous pas vu la Prusse. Pygmée, absorber l'Allemagne géante, et cependant rester Prusse ?

Si cette seconde hypothèse, aussi admissible et aussi fondée que la première venait à se réaliser, quelle serait l'attitude de l'Espagne ?

Indignée, elle se soulèverait, renverserait le gouvernement annexeur et tout serait remis en question.

Existe-t-il un seul Espagnol, qui ne préférerait cent fois, voir son pays rester ce qu'il est, plutôt que devenir un grand Portugal ?

Si telle est la pensée du peuple Espagnol, il faut la supposer aussi chez le peuple Portugais et chercher si dans cette nation, il se trouve un seul de ses membres satisfait de ne plus voir le nom de sa patrie, sur la carte du monde.

Une seule combinaison raisonnable vient d'être présentée par certains membres éminents des Cortès Espagnoles. Cette combinaison qui froisserait moins les nationalités, pourrait, mais jusqu'à un certain point seulement, concilier avec l'avénement de don Fernando au trône les intérêts et les aspirations des deux peuples de la Péninsule.

Ce projet consisterait à placer d'abord la couronne d'Espagne sur la tête de ce prince ; à sa mort réunir cette couronne à celle de Portugal, au profit soit de son fils le roi don Luis, soit de son petit-fils, si celui-ci avait déjà succédé à son père ; mais en laissant subsister l'autonomie des deux pays, qui continueraient à s'administrer, à se régir et à se gouverner, suivant leur administration, leur loi et leur constitution.

Cette combinaison, la meilleure jusqu'à ce jour, tout en offrant le grand avantage de ne froisser ni l'Espagne, ni le Portugal, présenterait cependant la prévision d'un grave inconvénient dans l'avenir : c'est qu'il n'est pas certain que les héritiers de don Fernando quels qu'ils soient respectent les engagements pris par leurs ascendants. Le pouvoir peut bien se transmettre, mais non la volonté.

La réunion absolue et complète de la Péninsule sous la même autorité a toujours été le but ambitieusement poursuivi par la plupart des souverains qui ont gouverné l'Espagne. S'ils ne l'ont pas atteint c'est que la comparaison entre les deux gouvernements Espagnol et Portugais n'était pas à l'avantage du premier, lequel dès longtemps déconsidéré et haï ne pouvait espérer trouver chez les autres ce qu'il n'avait pas chez lui, la considération. L'agglomération d'un peuple à un autre peuple ne peut se produire, à défaut d'affinité de sang, d'idées et d'intérêts que par le désir commun d'obéir à de justes lois, par l'exemple du progrès ou bien encore par un soudain élan d'enthousiasme ause par une grande gloire, mais jamais par le mépris et la déconsidération.

Il se pourrait donc que sous le gouvernement de don Fernando ou de ses .escendants, l'union de la Péninsule en un tout homogène s'effectuât, juste-.nent par les causes inverses qui, pendant des siècles, l'empêchèrent de s'unir.

Si l'accomplissement de cette vaste idée d'unification est un bonheur pour 'Espagne, un bonheur pour le Portugal; qu'il ait lieu. Nul plus que don Fer-ando n'est capable en conciliant les partis par son esprit désintéressé et géné-eux, de l'accomplir au plus grand avantage et à la plus grande gloire des .eux pays.

Il est encore question de deux prétendants, l'un qu'il est inutile de nommer, u'il suffise de savoir que c'est un autre Bourbon d'Espagne; il en surgit tou-ours, il en surgira longtemps de ces sangsues avides. Ce prince abusant de la écurité et de l'hospitalité dont il jouit en France se prépare en ce moment à ranchir les Pyrénées et à porter en Espagne une nouvelle guerre civile.

Il faut supposer que la nation espagnole ne reconnaîtra pas dans ce fait une uste revendication de droits au trône, mais bien ses droits, à elle, nation, à le raiter comme perturbateur de la tranquillité de la paix publique et comme .raître au pays.

Le dernier en date de ces nombreux concurrents, serait, dit-on, un archiduc .llemand, autrichien peut-être, inconnu à coup sûr.

L'Allemagne est un pays fortuné qui, depuis le commencement du siècle, .semble avoir l'étrange privilége de fournir les trônes de rois, les rois de reines, les reines de maris.

Il n'est pas un principicule ou archiduc allemand qui, par le fait même de sa naissance, ne devienne candidat perpétuel à toutes les couronnes.

Ce n'est pas encore de ce côté qu'est le soleil ; ce n'est pas encore de ce côté qu'est l'espoir; ce n'est pas encore de ce côté qu'est le progrès.

# IX

Parmi tous ces compétiteurs de mérites divers, de familles et de nationalités différentes, l'esprit est étonné, à part trois Bourbons, de n'y pas trouver un Espagnol.

Et pourquoi ?

Est-ce à dire qu'une nation de dix-neuf millions d'habitants ne renferme pas un homme, pas un citoyen capable d'exercer cette suprême magistrature qu'on appelle la royauté ?

Généralement cependant, les révolutions, les grandes révolutions surtout, produisent de suprêmes génies, et la révolution espagnole est grande; de la révolution d'Angleterre surgit Cromwell, de la révolution française, Napoléon.

Le sort de l'Espagne est dans ses mains; qui presse de jeter la couronne front de n'importe quel étranger qui viendra la saisir ?

Pourquoi ne pas attendre que de l'effervescence des esprits naisse Messie ?

Quoique le choix du meilleur gouvernement soit une question insoluble indéterminée, il ne peut y en avoir de préférable pour une nation à celui qu'e aura produit elle-même.

Par le choix d'un homme sans passé, qui devrait tout à son pays, qui dans maintien des droits du peuple verrait le maintien de ses droits, l'Espag résoudrait cette grande question sociale : *Créer un gouvernement qui défend protége de toute la force commune la personne et les biens de chaque citoyen et lequel chacun s'unissant à tous n'obéisse pourtant qu'à lui-même et reste aussi li qu'auparavant* (1).

L'avenir appartient à l'Espagne; qu'elle prenne garde avant de l'engager.

_______

(1) **J.-J.** Rousseau, *Contrat social.*

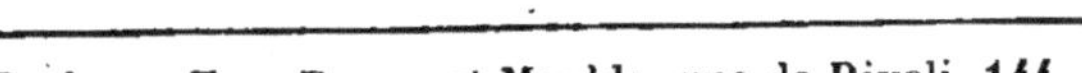

23906     Paris. — Typ. Renou et Maulde, rue de Rivoli, 144.

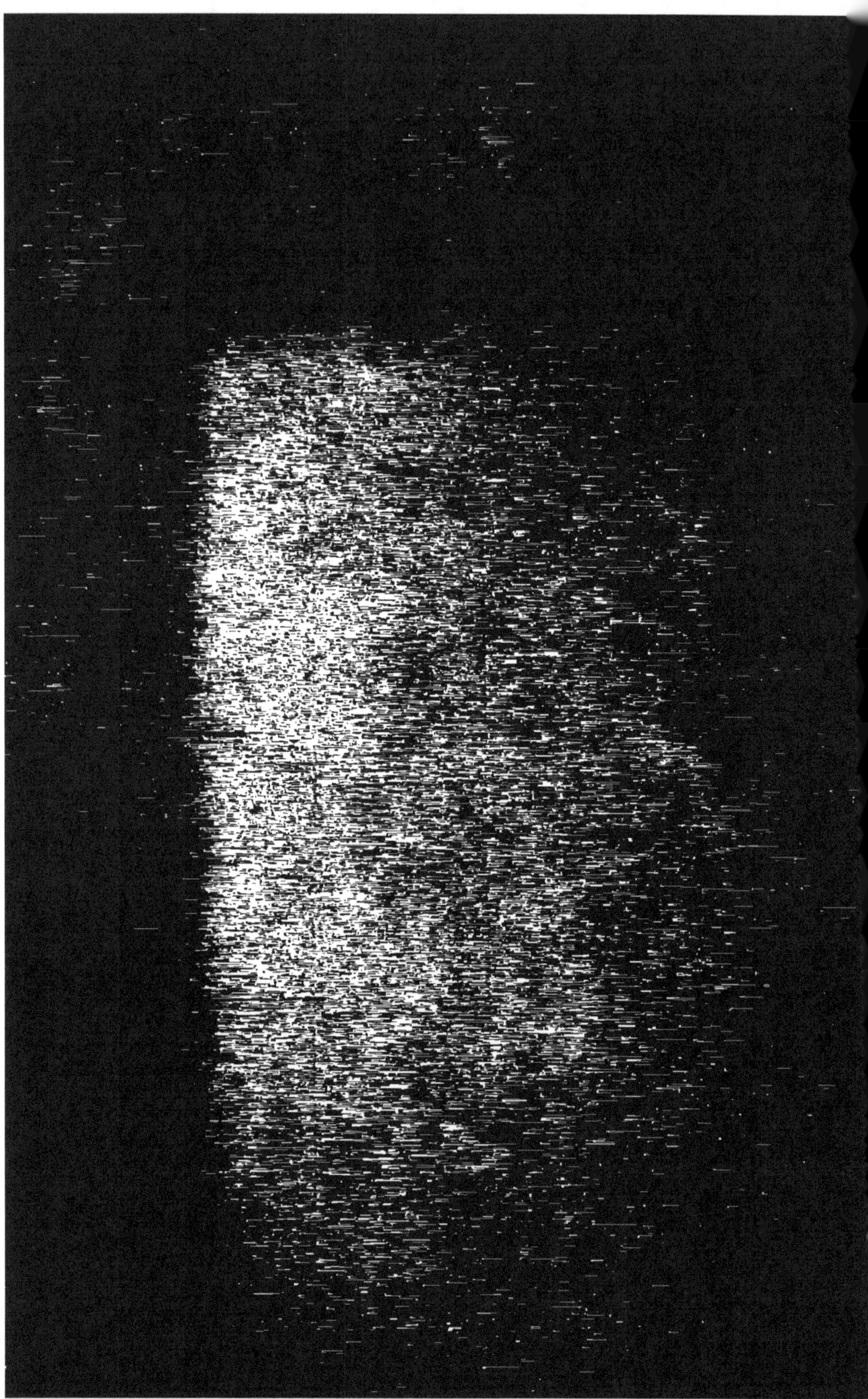